新雅．名人館

萬世師表

孔子

新雅文化事業有限公司
www.sunya.com.hk

U0108443

新雅・名人館

萬世師表 孔子

編　　著：饒遠　劉斯佳
內文插圖：黃穗中
封面繪圖：歐陽智剛
策　　劃：甄艷慈
責任編輯：潘曉華
美術設計：何宙樺　李成宇
出　　版：新雅文化事業有限公司
　　　　　香港英皇道499號北角工業大廈18樓
　　　　　電話：（852）2138 7998
　　　　　傳真：（852）2597 4003
　　　　　網址：http://www.sunya.com.hk
　　　　　電郵：marketing@sunya.com.hk
發　　行：香港聯合書刊物流有限公司
　　　　　香港新界大埔汀麗路 36 號中華商務印刷大廈 3 字樓
　　　　　電話：（852）2150 2100
　　　　　傳真：（852）2407 3062
　　　　　電郵：info@suplogistics.com.hk
印　　刷：中華商務彩色印刷有限公司
　　　　　香港新界大埔汀麗路 36 號
版　　次：二〇一五年八月二版
　　　　　10 9 8 7 6 5 4 3 2 1

ISBN: 978-962-08-6389-9

前言

　　一個生於二千五百多年前沒落貴族家庭的孩子，從小就沒有了父親，只好跟着母親過着艱難的生活，立志長大後要成為國家的棟樑材。經過勤奮的學習，終於成為偉大的教育家、思想家，並且聞名於世界。他的名字一直為世人景仰，他創立的儒家學說，深深地影響着中國人的思維方式和生活理想。

　　這個被推崇為「萬世師表」的人就是孔子。孔子的名字叫「孔丘」，因為他在兄弟中排行第二，所以他還有個「字」叫做「仲尼」。

　　經歷了二千多年的風風雨雨，他的思想和業績仍然光芒四射，這的確是很了不起的！

　　孔子從小就用心讀書，虛心請教，後來成了一個知識淵博的人。他看到當時的社會受教育的都是有錢人，貴族壟斷了文化教育，於是，自青年時代起便創立平民教育，開設私人學堂，並親自講學，讓沒有上學機會的平民百姓能讀書。他開創了中國私人辦學的歷史。

　　孔子主張「有教無類」，不分什麼等級，讓任何人都有受教育的權利。同時，他還提出了一系列先進的教育思想，如他親自實踐的「因材施教」、

「教學相長」、「誘導啟發」等教學原則。

孔子不僅是個教育家，還是一個具有遠大政治理想的思想家和政治家。他反對以苛政和暴力來剝削和鎮壓人民，主張用道德來感化百姓，以禮來要求百姓，國家便會長治久安。

當他的政治理想不為當時的統治者接受的時候，他便一心一意為社會培養人才。相傳他的弟子有三千人，其中優秀的學生有七十二個，個個文武雙全，漸漸形成了一股強大的政治勢力。孔子在當官那段短暫的期間裏，顯示出他突出的政治才能，但被奸人挑撥離間，他只得離開祖國，周遊各國，一路上顛沛流離，飽嘗了各種苦難。

孔子花了極大的精力，整理古代典籍文獻，特別是《詩》、《書》得以保存，他還寫了中國第一部編年體的歷史著作《春秋》。

他死後，他的弟子將他生前的言行與弟子的言行輯錄成《論語》，這部著作成了儒家思想的生動材料。

目錄

一 聖人出世

傳説孔子出世的這一年，一直是滾滾濁流的黃河，忽然清澈見底，人們都認為這是大吉大祥的預兆，於是有「聖人出而黃河清」的典故流傳至今。

孔子的父親叫孔紇，是魯國的陬邑大夫。早先他已娶了一位施氏做妻子，先後生下了九個女兒，但卻沒有一個兒子。後來，孔紇又娶了一個小家女子為妾，終於生下一個兒子，可是他卻是先天跛腿。孔紇搖搖頭，説：「他是長子，卻是個瘸子，名字就叫『孟皮』，字就叫『伯尼』吧。」在那時候，名字裏的「孟」和「伯」都是長子的意思，「皮」是瘸子的意思。

陬邑大夫：
陬邑，在今山東曲阜東南，曾封給孔子的父親孔紇。大夫，是古代官職，位於卿之下，士之上。

大將孟孫蔑見孔紇悶悶不樂，想起他曾對自己有救命之恩，便説：「我來為你介紹一位年輕漂亮的姑娘，如何？」

於是，孟孫蔑打聽到曲阜名門顏襄有三個女兒，

便托媒求婚，幫助孔紇娶到了顏襄的第三個女兒顏徵在做妻子。這一年，顏徵在才十七歲，孔紇已經六十三歲了。

知書識禮的顏徵在，見到小妾生的孟皮是個殘疾小孩，頓生同情之心，時時關照，細心呵護。

一晃兩年過去了，徵在仍沒有懷孕，夫妻倆不免焦慮不安。徵在深知丈夫的心思，說：「老爺，你想生個健康兒子的心情十分迫切，我年紀雖輕，你卻是年過半百了。這樣下去，如何是好？」

孔紇無可奈何地搖搖頭，說：「夫人，你聰明伶俐，一定想到什麼好辦法了吧？」

「聽說尼丘山神十分靈驗，我們為什麼不去向他求子呢？」

孔紇說：「好，今晚作好準備，明天就去尼丘山。」

第二天一早，夫妻倆乘一輛馬車，向尼丘山進發。馬車繞過田間小路，順着沂水北岸逆向而上。透過晨曦，可見沂水南岸的昌平山和北岸的尼丘山，徵在十分興奮。

馬車在尼丘山東邊腳下停住，孔紇先跳下，回轉

尼丘山：

孔子出生地。為了避開孔子的名字，去掉「丘」字，叫做尼山，在今山東曲阜城東南二十五公里處。

身，攙扶徵在下車。兩人重整衣飾，帶着準備好的供品，登上鬱鬱葱葱的尼丘山，走進寺廟裏面，擺好供品，虔誠地禱告：「求蒼天保佑，早生貴子。」

這年冬天，顏徵在果然懷孕了。她暗暗地祈禱：「但願生一個健康活潑的小男孩！」

轉眼懷胎快十個月了。一天，聰穎的徵在對孔紇説：「我們的年齡相差太大，恐被世人譏笑為『野合』，為了避開別人的議論，我想到外面租一間房子分娩。」

孔紇嚴肅地説：「我們是明媒正娶，怕什麼議論！」

「我覺得尼丘山是個有靈氣的地方，我想到那裏分娩會好些。」徵在堅持着説。

孔紇疼愛嬌妻，只好同意：「好吧，就按你的意思辦。」

於是，孔紇當日就到尼丘山下租了一間草房，第二天便用馬車將顏徵在送到那裏住下來。

到了第二天，也就是公元前551年農曆8月27日，孔紇陪着顏徵在下山的時候，顏徵在腹痛不止，來到一個石洞裏，嬰兒便哇哇墜地。如今，尼山腳下有個「神靈洞」，又稱為「夫子洞」，據説就是當年孔子誕生的地

方。

孔紇仔細瞧了瞧，不禁高興萬分：「好，是個男孩！」可是，當他發現嬰兒頭頂中間凹下去，四周卻高了出來，上面還有一些小土丘似的黑疙瘩時，剛才的高興勁兒便減了大半。

徵在躺在牀上，見孔紇一會兒高興，一會兒又眉頭打結，覺得奇怪，心兒撲撲地跳，問：「老爺，你又有什麼心事？」

孔紇指着嬰兒的頭頂：「你看你看，好端端一個小孩，頭頂上竟是這個樣子。」

徵在打開夾被，仔細看着嬰兒，笑着說：「老爺，這孩子太像您了，四方圓臉，濃眉大眼。頭頂上有些凹凸，是初生兒常見的現象。聽說有黑疙瘩的孩子，往往特別聰明呢！」

「真的嗎？」

「不信，長大再看吧，說不定他將來是個大學問家哩！」

孔紇聽妻子這樣一說，覺得也有道理，心裏便蕩漾着喜悅之情，輕輕地抱起孩子，在他的頭頂上親了一下。

顏徵在見此情景，覺得自己為孔紇家族完成了一個

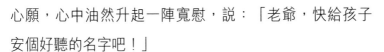

心願，心中油然升起一陣寬慰，説：「老爺，快給孩子安個好聽的名字吧！」

孔紇略加思索，説：「我們家族姓孔，故鄉在尼丘山腳下，是個風景秀麗的小山村。一年前我們來過尼丘山求子，兒子又是在尼丘山下出生的，況且，他的頭頂上還有許多土丘似的黑疙瘩，我們就叫他『孔丘』吧。」

「還得有個字呀。」

「字嘛，他排行第二，他是秉承尼丘山靈氣而生的，就叫『仲尼』好了。」孔紇十分得意地説。

不久，夫妻倆帶着心愛的兒子回到家裏，那溫馨的家使年幼的孔丘長得十分活潑可愛。徵在看兒子聰明伶俐，常給他講些好聽的故事，教育他做個好孩子。

有一天，孔丘又纏着媽媽要講爸爸的故事，顏徵在便把孔紇「托閘救友」的事講給他聽。她説：

那一年的秋天（公元前563年），魯國的國君魯襄公派大將孟孫蔑率領三百輛戰車攻打偪陽城。士兵來到敵人城下，已擺好攻打的陣勢，但主將孟孫蔑卻望着打開的城門呆住了，他想：為什麼城門打開，卻不見一個兵把守？裏面是不是有埋伏？

鬥志旺盛的士兵們沉不住氣了，七嘴八舌地吵嚷

着：「快衝進城去，還等什麼！」「將軍，別猶豫了，帶領我們衝吧！」大家的呼喊聲鬧得孟孫蔑沒了主意。他猛一跺腳，抽出寶劍，高高舉起，用力一揮：「衝啊！」

二十多輛前鋒戰車急馳而上，士兵們右手持刀，左手拿盾，殺聲震天地湧向城門。

衝進八輛戰車後，暗藏的偪陽城士兵突然放下懸門——千斤城門閘板。魯國士兵一片驚慌。

就在這千鈞一髮之際，你爸爸駕着第九輛戰車恰巧衝到城門下，他飛身跳下戰車，跨開登山步，舉起雙手，用力將閘板托住，大聲喊道：「弟兄們，城中有埋伏，快向後撤！」

已經衝進城的士兵們聽到你爸爸的喊聲，急忙掉轉頭，火速退出城。就在這時，「嘭」地一聲巨響，閘板落地。

孟孫蔑指揮撤退，班師回營。途中休息時，大家把你爸爸抬了起來。孟孫蔑激動地拍着你爸爸的肩膀說：「好樣的，你為魯國立了大功，我要奏請主公獎賞你。」

回國後，魯襄公賜給你爸爸白銀二千兩，並封他為陬邑大夫。

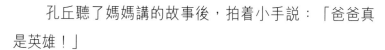

　　孔丘聽了媽媽講的故事後，拍着小手説：「爸爸真是英雄！」

　　徵在把他抱在懷裏，説：「孩子，你要像爸爸那樣，長大了做對國家有貢獻的人。」

　　「媽媽，我記住了。」孔丘一臉嚴肅地點點頭。

1. 孔紇為什麼為孔子起名「丘」，字「仲尼」呢？你的名字又包含了什麼意思？

2. 孔丘聽了父親的英雄故事之後有什麼想法？

二 立志學禮

孔紇六十六歲時病倒了。顏徵在悉心照料，請來醫生盡力醫治，可是，病魔無情地奪去了他的生命。剛過二十歲的顏徵在呼天喊地，也無法把丈夫喚醒了。

妥善辦完後事，家裏一下子變得冷冷清清的。徵在抱着剛滿三歲的孔丘，淚流滿面。她抽抽泣泣地説：「可憐的孩子，你年紀小小就失去了父親，失去了父愛。我們孤兒寡母往後怎樣生活呢？」

孔丘幸福溫馨的童年生活就這樣短暫地結束了。後來，孔家的九個女兒也先後出嫁了，家裏只剩下四口人。顏徵在履行對丈夫臨死前的承諾，悉心照料殘疾的孟皮和他的生母，精打細算地過着艱難的日子。

不久，他們離開陬邑，搬回魯都曲阜生活。這是魯國都市內鬧市區的一角，幾間茅草房便是他們的安身之所，顏徵在靠替人洗衣服、補衣來

知識門

曲阜：

孔子故鄉，位於山東東南部。春秋末期，孔子在這裏首先開創私人講學，成為當時的教育中心。現有孔廟、孔府、孔林、魯國故都、尼山、石門山、梁公林等古跡，是中國歷史文化名城。

掙錢養家。

他們回到曲阜時，正是各**諸侯**國開始興起**周禮**的年代。

齊國、晉國、宋國，甚至楚國這些大國的使者，幾乎每年都來魯國討教、拜訪、參觀。那些小國的使者，更是來往頻繁。

為什麼這麼多國家跑來魯國取經學禮呢？原來，魯國是西周初年**周公**的封地。周公長期在京城輔佐**姬發**執政，因此，魯國這塊地方主要靠周公的兒子伯禽管理。

伯禽到曲阜上任時，帶去了大量的周朝**典章**①和文物，這些典章和文物講的全是周禮，裏面的內容主要

諸侯：

諸侯是古代帝王統轄下的各國君主的統稱。諸侯在封國內擁有軍、政、財權，職位世代相襲。他們要服從王命，定期朝貢述職，承擔軍賦和服役。

周禮：

由姬旦（周公）在周朝立國之初所定下的禮制。周禮包括繼承制度、官制、樂制、法制等，幾乎包括當時社會生活各個領域，形成了一套完備的社會制度。孔子在禮制上是奉行周禮的，但又不是盲目肯定一切，而是有所革新。

周公：

西周初期的政治家、思想家。名叫姬旦，是周武王的弟弟。因以周地為他的領地，所以稱他為「周公」。他曾廣封諸侯，建制七十一國，有效地鞏固了周朝統治。他完善了典章制度，被稱為「周禮」或「周公之典」，對後世有深遠的影響。

姬發：

即周武王。周朝的建立者，文王的兒子。姬姓，名發，是孔子和儒家稱讚的聖王之一。

---

① **典章**：法令規範。

是講等級制度和各等級的行為規範。在那個歷史時代，能夠體現身分不同的，最主要的是「禮」和「樂」。而在各諸侯國中，懂得周朝禮樂最多的是魯國，才會出現各諸侯國紛紛來魯國取經學禮的熱鬧局面。

知識門

樂：

即音樂。儒家常以音樂為表現禮的一種手段。孔子認為，「樂」不僅具有和諧性，而且被賦予一種道德屬性。

魯國的貴族從建國初期起一直重視禮儀，各國都絡繹不絕地派使者來訪，更使魯國上下十分開心。

他們每年都用大量時間來接待各國的貴賓，每次接待還要非常講究接待規格，如果是接待大國的重要使者或貴賓，就要搞隆重的接待儀式。這些熱鬧的活動，給魯國都城的百姓造成了一種錯覺，似乎「禮」和「樂」是世界上最重要的事情。

幼年和少年時期的孔丘，雖然生活貧困，但在這個熱鬧的都市生活裏，他會經常遇到這種場面，受到環境的薰染，使他從小就對「禮」和「樂」有着特殊的愛好。

有一天，正逢農曆冬至，是魯國舉行郊祭的日子。郊祭就是祭祀天地。這種郊祭活動十分隆重，連國君也不敢廢棄這種禮儀。魯國的郊祭地點設在都城南門外的

沂水邊。

　　早晨，六歲的孔丘剛起牀，顏徵在就說：「丘兒，這些天你不是吵着要到外面玩耍嗎？今天是魯國的郊祭日，就叫哥哥帶你去看看熱鬧吧。」

　　孔丘高興地跳起來：「噢，到街上看熱鬧囉！」

　　早飯後，徵在叫來小兄弟倆，叮嚀道：「孟皮，你是哥哥，懂得的事情多，要好好帶弟弟玩。」又對孔丘說，「丘兒，哥哥的腳不方便，你要好好照顧哥哥，別只顧自己玩耍。」

　　孔丘和孟皮出了門。一路上，孔丘睜着一雙虎生生的大眼睛，左顧右盼，東瞧西望，讚歎道：「都城好大啊！」

　　是的，魯國都城橫貫東西方向有十一條大街，南北排列的有七條大街，最大的有六丈多寬，縱橫交錯，店鋪林立，人來人往，車水馬龍，絡繹不絕。好一派繁華景象！

　　孔丘覺得一雙眼睛不夠看。他一邊走，一邊嚷：「哥哥，你看那輛車多美，那個門樓多高，那匹馬多大！」他又蹦又跳，又說又笑，行人不斷地向他投來好奇

郊祭：
即「郊祀」。古代天子在郊外祭祀天地。以後世代相傳，是封建時代的大典。

的目光。孟皮本來性格就孤僻，加上雙腿殘疾，生怕路人嘲笑，只好默默地跟在弟弟的後面一瘸一拐地走着。

為了防止弟弟到處亂跑，孟皮把左手的拐棍讓孔丘拿着，順手扶住他的肩膀，讓他代替拐棍。走了一會兒，孟皮見弟弟出汗了，趕緊問：「弟弟，累了吧？」

「不累！」孔丘把胸脯一挺，倔強地回答。

孟皮拄着雙拐，孔丘體貼地扶着他的胳膊，隨着人羣不緊不慢地行進着。走出正南門，遠遠地就望見了郊祭台上迎風招展的旗幡。

「哥哥，前面就快到了！」孔丘一陣興奮。

走到祭台前，因為人太多，密密麻麻，把視線也擋住了，孔丘想從人羣中鑽進去，卻因個子太小，被擠了出來，急得他抓耳撓腮。忽然眼睛一亮，他看見南邊不遠處有一條河堤，比地面高出許多，便拉着孟皮向河堤走去。

登上河堤，果然看得見了。孔丘用心細看，郊祭台前擺着供桌、祭器，上面放着整隻豬和整隻羊，俎豆內盛放着各式各樣的祭品。孔丘看

知識門

俎豆：

「俎」和「豆」的聯稱，古代裝東西的兩種器皿。俎是用青銅或木製成，用來裝放牲畜；豆是用木或銅、陶製成，有蓋，用來盛放有肉汁的食物。俎豆都是祭祀用物件，所以「俎豆」也就代表禮器。「俎豆之事」即指「禮儀之事」。

得出了神，邊看邊模仿着主祭官的動作表演起來。一直到贊禮官宣布：「郊祭完畢。」他仍餘興未盡地呆在那裏，眼睜睜地看着人們紛紛散去，才茫然若失地攙扶着孟皮回家。

從此，孔丘對祭祀產生了濃厚的興趣，每當聽說附近什麼地方有祭祀活動，他就央求孟皮：「哥哥，帶我去看看，好嗎？」有時哥哥不去，他就自己一個人去。

小孔丘去得最多的是魯國都城內的太廟，那是專門祭祀周公的地方。只要他知道那裏會舉行祭祀，他就一定會跑去看個仔細。主祭官的一舉一動，他都細心觀察，認真模仿。他的記憶力特別好，看過幾遍，那些祭祀的禮節也就基本學會了。

太廟：

也稱「大廟」。魯國太廟始建於周公長子伯禽就封在魯國時。位於今山東曲阜城東北。廟內陳設全部按照周禮的要求。

有一次，孔丘用母親給他的零碎銀兩，在玩具攤上買了幾個小俎豆，抱回家中，在庭院裏擺來擺去演練祭祀活動。看他小小年紀，那莊重認真的程度不亞於那些主祭官。

六歲的孔丘自己也能用泥土捏成各種祭器，如鼎、盤、壺等等，興趣勃勃地天天演練，不知疲倦。

徵在悄悄地看着兒子的行動，覺得他模仿贊禮官

的一言一語和主祭官的一舉一動真是維妙維肖、活靈活現，簡直是到了如醉如癡的程度，便板着臉孔問：「孩子，你每天戲耍俎豆，難道想學會了禮制，要去做那管廟的贊禮官不成？」

孔丘噘着嘴巴，爭辯道：「你從不教我讀書，我不玩俎豆，又玩什麼遊戲呢？」

「你想讀書是嗎？從明天起我教你讀。不過，學習就要專心致志，不能貪玩了。」徵在嚴肅地說。

當晚，徵在將一綑綑竹簡攤放在桌子上，仔細挑出三百多個好學易記的字，準備讓孔丘用一個月時間把它學完。

第二天一早，孔丘就說：「媽媽，快教我認字吧。」

徵在教了一個字後又讓孔丘反覆讀，孔丘催道：「媽媽，快教下面的字，那些教過的我全記住了。」

就這樣，徵在第一天便教了三百多個字，孔丘全部學會了。

「媽媽，」孔丘扯着徵在的手央求，「我還要學。」

知識門

竹簡：

古代用來寫字的竹片。孔子編定的《詩》、《書》、《春秋》等經典便是寫在竹簡上的。

「今天學的三百多個字，你要好好複習，明天學新字之前我可要考你呢。記住，不僅要會讀，還要會寫唷。」

孔丘滿有把握地點點頭，「媽媽，我記住了。」

顏徵在一有空便教孔丘識字，教他如何做人。年紀小小的孔丘生活在艱苦的環境中，立志要學好知識和本領，減輕母親的沉重負擔，早日獨立謀生。

在母親的嚴格管教下，孔丘做到了不說粗話髒話，不做粗野動作，沒有失禮的舉止和行為，盡量學習有用的知識，模仿上層人的行為。孔丘成了一個規規矩矩的好孩子。

母親成了孔丘的第一個老師。後人在推崇孔子的同時，對他的母親也不斷地加封。曲阜孔廟大成殿後邊的「啟聖王寢殿」便是專門供祀這位偉大母親的地方。尼山孔廟的東邊還設有一座孔母祠。歷代詩人有許多佳句讚頌她，如：「有開必先，克昌厥後」、「顏母山高上接天」等等。

知識門

孔廟：

指在山東曲阜孔子故鄉的孔廟，是歷代尊孔崇儒的場所，也是具有東方建築色彩、規模宏大、氣勢雄偉的古代建築群，先後幾十次重修重建，共有房舍四百六十多間，兩千多塊碑碣，佔地三百多畝，是一個集我國古代建築、雕刻、繪畫、書法等藝術於一體的大型綜合博物館。現在是全國重點文物保護單位。

想一想

1. 孔丘小時候一天能學多少字？他為什麼能記住？

2. 孔丘爸爸的英雄事跡、媽媽的悉心教導均對孔丘有非常深遠的影響。你又覺得自己的行為和做事方法最像誰呢？

三 苦心葬母

顏徵在見孔丘好學上進，善於思考，很有悟性，對他十分喜歡。心想：「我畢竟懂得有限，不能耽誤了他的前程。」於是，送他到當地學堂念書。孔丘跟其他孩子一起，覺得學習進度很慢，讀了三年，便要求母親給他換個更好的地方。

徵在找了好些學堂，都沒有稱心的地方。想來想去，覺得自己的父親有真才實學，不如讓孩子到他的外祖父那裏，便説：「丘兒，你願跟你外公學習嗎？」

孔丘知道外祖父十分了得，便點頭應允。

母親帶着孔丘來到外祖父家裏，顏襄早就聽説外孫生性聰明、智力過人，也想把他培養成有用之才，每天都認真教誨。孔丘便在外祖父那裏學到了許多知識，也懂得了更多的做人道理。

一日，顏襄問：「孔丘，貴族在參與社會活動的時候，必須要掌握的『六藝』你都知道了嗎？」

「知道。」孔丘熟練地屈着手指數着，「『六藝』就是禮、樂、射、御、書、數。」

「具體説説我聽。」顏襄想考考孔丘。

孔丘對答如流：「禮，是指我們盛行的周禮；樂，是指我們周朝的音樂和樂器；射，是指射箭的技能；御，是駕馭馬車的技能；書是指會寫字；數是計算的本領。」

「對，你還應該學會許多知識和本領，做個才德兼備的君子，才能成為國家的棟樑。」顏襄鼓勵他。

孔丘跟着外祖父認真地學習，不懂就問，直到弄懂為止。這樣日復一日、年復一年地學了六年，顏襄把幾十年積累的知識全部教給了孔丘。

顏襄逝世後，孔丘陪母親守孝百日，出過殯，才跟母親回家。

回到家，徵在仍然十分注意教育和督促孔丘，對他説：「丘兒，你要記住，在確定自己身分的時候，要放在貴族的層次上；但向別人請教時，就要放下架子，做到『不恥下問』，遇到問題，誰懂就向誰求教。」

「媽媽，我懂了。」孔丘認真地説。

「長大成人之後，無論幹什麼工作，你都一定要幹好，不能馬虎應付。記得嗎？」

「媽媽，你的話我都記得牢牢的了。」

徵在因承受不了艱難生活的重壓，把身體累壞了，

從此一病不起。這可急壞了孔丘。他盡力為她求醫診治，但還是沒能把她的病治好。就這樣，顏徵在帶着對孔丘無限的期望，無奈地永遠閉上了眼睛。

「媽媽，媽媽！」孔丘悲傷痛哭，也無法再把母親喚醒。

三歲喪父，少年失母，這對孔丘真是非常殘酷的打擊。他含着淚，滿懷悲痛地要按照當時的禮儀，把母親安葬。這對一般人家來說本來不是一件難事，但對孔丘來說，卻是比較難辦。他想把母親跟父親一起合葬，但父親去世時，他才三歲，而不知什麼原因，母親從來都沒有帶他去給父親掃墓，因此，他不知道父親的墓地在什麼地方。

孔丘問別人，得不到答案，他要想出個辦法來。這一晚，他整夜都合不上眼，心想：人心都是肉長的，我要爭取大家的同情，總會有好心人能告訴我父親的墓葬地。

第二天，他把母親的棺柩停放在曲阜城外一個四通八達的十字路口，在棺柩前面立起一個木牌子，上面寫着：「為父母合葬，尋找亡父孔紇的葬地。」

他在路口等了幾天，毫無消息。一日，有一位老婦人經過，問：「孩子，你是尋找孔紇的墓葬地嗎？」

孔丘喜出望外，連忙説：「感謝您這麼關心，您能告訴我嗎？」

「我曾經是孔紇的鄰居，我看你那麼有孝心，我就告訴你父親的墓葬地吧。」

孔丘迫不及待地問：「快告訴我，在哪裏？」

「在防山上。」

孔丘謝過這個好心人，便立即拉着母親的棺柩來到防山，找到父親的墓地，把母親的棺柩安葬進去，實現了把父母合葬的願望。

人們都誇讚孔丘：「一個少年，按禮儀的要求，做了一件連大人也不容易完成的事。真了不起！」

母親死後，少年孔丘成了真正的孤兒。顏徵在沒有為兒子留下任何財產，只留下了兩人居住過的舊屋和為他培養起來的吃苦耐勞的精神，以及禮、樂之類的知識。為了生存，孔丘開始獨立謀生。他畢竟涉世不深，不知道自己在社會上的地位。他原以為：父親是有名的英雄，是「武士」一級的貴族，母親也出身於貴族之家，所以，雖然貧窮，

知識門

防山：

山名，又名「筆架山」。在今山東曲阜城東二十五里的地方。孔子三歲時，父親孔紇即葬於防山。母親逝世後，孔子將母親與父親合葬，開創了夫婦合葬的先河。孔子父母的墓地，現在稱為「梁公林」，又叫「啟聖王林」。

但他不認為自己低賤。

年少氣盛的孔丘一心想結交一些有識之士，躋身社會，施展雄才，以報效國家，實現理想。

一天，孔丘走在大街上，偶然聽到人們私下議論：

「季相國又要**招賢納士**[①]了。」

「何以見得？」

「他正在籌備款待文人學士的宴會。」

「不過是裝裝門面罷了。」

「説不定真心實意呢。」

對於急着想進入官場、為社會建功立業的孔丘來説，這無疑是個好消息，他決心要抓住這個好機會。

相國：

官名。春秋時各諸侯國都有設置，稱「相」或「丞相」，是百官之長。孔子曾兩次擔任過這種相事，在「夾谷會盟」中，孔子為「相禮」。

這是季相國的相國府，高牆大院，威嚴雄偉。一班披紅掛綠的紈絝子弟進進出出，十足的神氣。高大的門樓下，站着一個三十多歲的彪形大漢。他穿着寬大的藍灰色衣衫，滿臉鬍子，一臉橫肉。只見他一會兒點頭哈腰，一會兒橫眉豎眼，兩副嘴臉，對不同的人採取不同的態度。

[①] **招賢納士**：招收、接納德才兼備的人才。

孔丘遠遠看了，心裏不禁打了個寒噤。心想：真是個趨炎附勢的小人啊！他定睛細看，啊，他不就是季平子的家臣陽虎嗎？

那人確是季平子的家臣陽虎。春秋時期，諸侯國君屬下的卿大夫，一般是世襲的。而卿大夫的臣屬不世襲，是由卿大夫任免的，職務有司徒、司馬等，統稱為「家臣」。

孔丘一見陽虎那副令人作嘔的嘴臉，腳步便放慢了。他開始猶豫，頭腦中閃過退回去的念頭，可是轉念一想，為了魯國，為了百姓，為了自己的祖宗，必須抓住這個有利時機。想到這裏，他挺起胸膛，大大方方地朝相國府門口走去。

來到門口台階下，孔丘抱拳施禮。陽虎不但不還禮，沒等孔丘開口，就粗聲粗氣地問：「你是什麼人？到這裏來幹什麼？」

孔丘低頭站立，恭恭敬敬地説：「我叫孔丘，聽説相國大人宴請天下文人學士……」

「哈哈哈！」陽虎一陣毛骨悚然的狂笑，「相國請的都是當今魯國的社會名流，你是一個窮書生，也來湊

知識門

陽虎：

又叫「陽貨」。春秋時魯國貴族季孫氏的家臣。他是個玩弄權術的陰謀家，曾掌管國政，後又進行拉攏、打擊和謀殺，陰謀失敗逃到齊國，很快又經過宋國到了晉國。他在掌管魯國大權時，曾想籠絡孔子，孔子避而不見。

熱鬧，真不知天高地厚！」

挨了這一陣譏諷，孔丘的頭腦反而清醒了。他抬起頭來，面帶怒色，跨前一步，想同陽虎爭辯。

陽虎看出了孔丘的用意，不等他開口，就把衣袖一甩，厲聲喝道：「還不趕快走開，別站在這裏礙事。」

孔丘的自尊心本來就強，又是個極愛面子的人，被陽虎這樣一再嘲笑，他立即羞得無地自容，只好轉過身來，非常懊喪地回了家。

這一年，孔丘十七歲。

試圖進入上流社會碰壁後，孔丘並沒有因此而灰心，經過反覆思考，他明白了：人生的道路是漫長曲折、坎坷不平的，我要經得起磨煉，永不灰心，做個硬漢子，才有可能成就一番事業。於是，他更加不知疲倦地發憤學習，繼續研究「六藝」，把時間看得極為寶貴，從不白白浪費。他一方面鑽研禮、樂、書、數，一方面練習射、御。

離他家不遠有一個叫瞿相圃的地方，一向是人們練習射箭的場所。他就有計劃地抽時間到那裏去苦學苦練。終於，功夫不負有心人，他的射箭技術越來越高超，五種射法，樣樣精通。每逢他到瞿相圃練習射箭的時候，人們爭先恐後地跑去觀看，一個個讚歎不停：

「好箭法，好箭法！」

　　孔丘的博學多能，逐漸得到人們的承認和重視，陸續有人登門向他求教了。

1. 母親逝世後，孔丘用什麼辦法把母親與父親合葬？這表現了孔丘是個怎樣的人？

2. 孔丘想進入上流社會失敗後，他是怎樣做的？

四 初入官場

十九歲那年，孔丘遵照母親生前為他訂的婚約，和亓官家的女兒結婚，婚後，夫妻倆十分恩愛。

這一年，孔丘的政治生涯也有了轉機。

魯國仲孫大夫管轄下的城邑，有個管理倉庫、收繳田稅的委吏連年營私舞弊、中飽私囊。仲孫大夫早就有心派個得力的人去替代他，苦於沒有合適的人選，一直未能如願。

他知道孔丘博學多才，決定讓他去當城邑委吏，不僅可以換掉原來的委吏，還可以觀察孔丘是否有從政的才能。主意已定，就派人去請孔丘。

這時，孔丘的名聲越來越大，人們逐漸稱呼他為「孔子」或叫他「孔夫子」。

差人①來到孔子家中，講明來

知識門

委吏：
官名。春秋時魯國管理倉庫的小官。

夫子：
「子」在古代可用於對男子的尊稱。夫子是古時對學者或老師的尊稱。

---

① 差人：對當官差的人的稱呼。

意，孔子隨即跟他走。一路上，孔子暗想：這個仲孫大夫自己雖然沒有什麼學問，卻能尊重知識，禮賢下士，真是難能可貴。若能得到他的薦舉，我一定要做出成績來，也好為以後施展雄才大略打下基礎。他想着想着，不覺來到了仲孫大夫家門前。

差人説：「孔夫子，請進！」

庭院中曲廊幽徑，深邃靜謐。孔子跟在差人後面左旋右轉，連過了三道門，才走到仲孫大夫住的地方。孔子很清楚，仲孫大夫能在後室接待他，説明主人已經把他敬為上賓了。

果然不出所料。差人一聲通報，仲孫大夫立刻走出內室迎接。孔子躬身施禮，仲孫還過禮，就把孔子請入內室。

説話間，僕人擺好酒席，仲孫大夫立即請孔子入席。酒過三巡，仲孫大夫説：「以夫子的才德來説，做個卿大夫也是可以勝任的。怎奈時機還不成熟。眼下在我的邑屬城邑缺少一位委吏，是專管收繳田税的小官，職位不高，不知夫子是否願意大材小用，屈就這個職位？」

孔子説：「承蒙大人抬舉，孔丘怎敢不唯命是從？」

　　仲孫大夫十分高興，同孔子舉杯暢飲。然後又把城邑委吏的醜惡講給孔子聽，囑咐他到任後要進行整治。

　　孔子到任以後，把接收下來的賬目仔細查看了一遍，發現錯漏百出，塗抹更改，混亂不堪。

　　他把幾個差頭叫到跟前，態度極為和藹地說：「我受仲孫大夫的差遣，前來接任委吏。由於我的前任辦事不力，留下了一本糊塗賬，這是要認真清理的。但是對其他公職人員，我還要留用。請各位堅守職位，同心協力，圓滿完成今年收繳田稅的任務。」

　　差頭們見新任委吏很年輕，臉上都露出輕蔑的神色，言不由衷地說：「任憑大人吩咐，一定盡心盡力。」說到「大人」兩字時，故意把聲調也變了，顯出一種譏諷的味道。

　　孔子也不理會。他把城邑分成五個部分，讓差頭們分別下鄉催繳。

　　差頭們走後，孔子換了裝束下到民間明查暗訪。他走到幾個正在場邊休息的農夫跟前坐下，同他們攀談起來。

　　孔子問：「今年收成好嗎？」

　　農夫回答：「收成很好。」

　　「繳納賦稅有沒有困難？」

提到繳納賦稅，農夫們立即收斂了笑容，久久無人說話。

沉默了許久，一個農夫把孔子從上到下仔細打量了好半天，見他寬寬的額頭，濃眉大眼，舉止文雅，端莊大方，斷定他不是什麼壞人，便說：「實不相瞞，今年的收成確實不錯，多數人家交稅沒有困難，只是……」他向周圍掃視一番，接着說，「只是委吏可惡，和那班差頭們合伙作弊，上瞞大夫，下欺百姓，加大斗桶，少報多收，害了我們農夫，肥了他們自己。你想，我們怎能心甘情願地繳稅呢？」

另一個農夫說：「我聽說今年又換了一個新委吏，也不知是清是濁？」

「官場中一向是濁多清少，管保是一路貨色！」

「說不定叫我們遇上賢明的人呢！」

「要是那樣，真是我們大家的福氣。求蒼天保佑吧！」

孔子告別這羣農夫，又走訪了幾個村莊，心裏便有了底。

第二天，孔子用心觀察農夫交繳租糧的情況，果然發現差頭們用的斗桶有些蹊蹺，便當着繳租農夫的面，讓差頭們找來另外的斗桶，量來量去，跟原來的完全一

樣。孔子又讓附近的農夫找來他們自己的幾個斗桶一試，竟比差頭們的斗桶小了許多。

回到邑衙，孔子將前任留下來的差役們全部叫到面前，喝問道：「你們以往就是用這種辦法徵收賦稅的嗎？」

差頭們戰戰兢兢地說：「小人知罪，小人知罪。」

孔子嚴厲地說：「像你們這等心術不正的人，必須重重地懲罰。不然，你們也不知道王法的厲害！」然後根據責任大小、罪行輕重，分別進行了處理，革除了幾個表現很壞的差頭，並把其中兩個民憤最大的送交上司治罪。

一切辦理妥當，孔子又讓農夫們推選自己最信任的人幫助他催徵賦稅，並限定了完成日期。

孔子還跟大家規定：在限定的期限以前繳納的，只繳九成；按限定期限繳納的，繳九成五；超過期限的，外加一成；抗稅不交的，收回他的土地，轉給別人耕種。如果因天災人禍，確實減產歉收的可以請求減免本年賦稅。

農夫們見到這位新委吏秉公辦事，賞罰分明，加上收稅的人都是自己推選出來的代表，個個爭先恐後地繳糧完稅。

孔子親自把租稅解交給仲孫大夫，並說明自己採用的是勒限催徵的辦法，比定額缺少一成。仲孫大夫查對歷年的交糧實數，比較起來孔子解交的不但沒有減少，反而多出二成以上。

這時，他才猛然醒悟，長歎一聲，說：「原來一直以來，那些委吏和差役，都是在欺騙我呀！」

孔子又向他簡要地說明了差頭們的種種卑劣行為及對他們的處置。

仲孫大夫高興地說：「通過這件事，足以證明你是實心實意地辦事，忠於職守的。初入官場，卻沒有被那些狡猾奸詐的差役們所蒙蔽，實在難能可貴。」

後來，仲孫大夫又任命孔子改任乘田吏，負責管理**苑囿**[①]，終日同牛羊騾馬打交道。

乘田：
官名。春秋時魯國貴族家庭任用的管理畜牧的小官。

第一天到乘田吏署上任，孔子就看見一片混亂不堪的景象。

庭院裏雜草叢生，碎石遍地，驢糞堆成山，馬尿流成河，籬笆牆東倒西歪，蚊蠅到處亂飛，真是臭不可聞，髒不忍睹。更慘的是，苑裏的牲畜多數瘦得皮包

[①] **苑囿**：畜養禽獸的園林。

骨。

孔子歎息一聲，惱怒地說：「真不像話！」

經過仔細查訪，反覆思考，孔子很快制定了一套分工明確、獎罰分明的章程，並嚴格執行。不到一年，便把整個吏署和苑囿管理得井井有條，牲畜養得滾瓜溜圓、膘肥體胖。

有一天，仲孫大夫來到苑囿，轉了一圈後，十分高興，不停地稱讚：「夫子真是一個奇人！」突然，他不解地問孔子，「這麼多肥胖的豬羊，為什麼不是每月按規定上交給我二十頭，而是只給十頭呢？」

孔子覺得奇怪，明明是上交二十頭，怎麼會是只有十頭呢？他立即追究查問。原來是負責送豬羊的古滑從中私賣了十頭。孔子當即宣布革除古滑的職務，並追回全部贓銀。

經過這件事，孔子深感人心叵測，官場難混。於是，他向仲孫大夫辭掉了職務，心裏醞釀着一個新的念頭。

1. 孔子做委吏時，怎樣完成上交糧租的任務？你認為他的做法有什麼好處？

2. 孔子為什麼要辭官？

五 晉國學琴

孔子見官場這樣黑暗和腐敗，狠狠地説：「我可不願跟他們在一起幹事了。但我決不會放棄我的理想，我要繼續研究做人治世的學問，把社會治理好。」

孔子二十歲那年，他的妻子丌官氏生了個兒子。魯國的國君魯昭公聽到消息，立即派人送來鯉魚，表示祝賀。孔子很感動，便給兒子取名叫「孔鯉」，字就叫「伯魚」，以此來銘記國君的知遇之恩。後來又生了個女兒，取名叫「孔無違」。

有一年秋天，魯國的附屬國郯國的國君郯子到魯國朝拜魯昭公，孔子知道後，經仲孫大大介紹，見到了郯子。孔子向他鞠躬施禮後問：「我聽説貴國非常崇尚飛鳥，並且以鳥為官名，不知是什麼原因？請指教。」

郯子自豪地望着孔子説：「相傳郯國的國君是少皥，我們的先祖建國的時候，正好有兩隻鳳凰落在梧桐樹上，先祖認為這是個吉祥之兆。從

知識門

少皥：
傳説中古代的帝王，東夷族的首領。活動中心在今山東曲阜一帶。

41

那時至今，就把鳳凰當成吉祥鳥了。後來擴及到很多種鳥，以鳥命名官員的制度也是從少暤時代開始的。」

接着孔子又向郯子請教那時的職官制度和其他方面的情況，郯子都一一解答。孔子在這些方面又增長了不少知識。

孔子經過勤奮學習，刻苦鑽研，學問越來越深厚。一天，他教兒子孔鯉和女兒無違學過幾個字之後，便彈琴唱歌。彈來彈去，總是覺得琴聲太過尖脆，缺少那種深沉悠揚的韻致。他想起了名聲很大的晉國樂官師襄子，心裏説：「師襄子的琴技十分好，我應該去向他請教。」

魯昭公19年春天，孔子辭別親友，前往晉國。走了十多日，才來到太行山下。翻過太行山，看見的是無邊無際的黃土高原。強勁的風裹着黃土，一陣陣地向他襲來，弄得他睜不開眼睛，挪不動步子，有時不得不停下來，用雙手捂住眼睛，等風塵吹過去後，再艱難地向前走。

經過千辛萬苦，終於來到了晉國都城。這是一座古城，街道寬敞，十分繁華。孔子急於拜師學藝，並沒有心思去欣賞景色，只顧打聽師襄子住的地方。

幾經周折，終於找到了師襄子的住所。大門慢慢打

開，孔子定睛看時，只見站在自己面前的是一位鬚髮蒼白的長者，四方臉，和善慈祥。孔子跨前一步，鞠躬施禮：「請問長輩是不是師襄子先生？」

長者還過禮，說：「我正是。不知你是哪裏來的？到我這裏，有什麼指教？」

孔子說：「晚輩是魯國的孔丘，專程來向您請教彈琴的。」

師襄子說：「久聞夫子博學多才，是當今的聖人啊！今天夫子風塵僕僕遠道而來，足見情真意切，我一定把全部琴藝教給你。」

孔子說：「多謝多謝！」

師襄子說：「我做了一個**擊磬**①的小官，所以會彈琴。現在就讓我邊彈邊講吧！」說着走到一個几案前，把蓋在上面的一塊黑布揭開，露出了一架漆得烏黑晶亮的古琴。他調好琴弦，全神貫注地彈了起來。琴聲悠揚、深沉，繞樑而上，扣人心弦。

孔子聽着這麼動人的琴聲，完全沉浸在音樂之中，一路上的飢渴勞累都煙消雲散了。

師襄子每彈奏一首曲子，就為孔子講解一番。孔子

---

① **擊磬**：磬，是古代的打擊樂器，形狀像曲尺，用玉或石製成。擊磬，是敲打磬這種樂器。

聽得真，記得牢。師襄子見他學得如此認真，心裏確實高興，便把自己花費了幾十年心血得來的本領全部教給孔子，孔子感激萬分。兩人都把對方看作是知己，談得十分投機。

當晚，師襄子設便飯招待孔子，並留他住在自己家中。從此，兩人朝夕相處，隨時交流琴藝。

孔子自從得到師襄子的指點，琴藝提高很快。師襄子聽孔子談古論今，也增長了不少知識。兩人互教互學，教學相長。大約過了十多天，孔子操琴彈奏，覺得指法熟練多了，那琴聲猶如發自肺腑的語言，句句動人，聲聲悅耳。

一天，孔子在聽師襄子彈琴，覺得這首曲子非同凡響，從來未聽過。於是，孔子一連三日，反覆操練這首曲子。第四日，師襄子聽孔子還在反覆彈奏這首曲子，高興地說：「夫子，你已經掌握了彈這首曲子的要領，技巧也相當熟練，可以學新的曲子了。」

孔子說：「我還未能弄明白這首曲子的內在涵義呢。」說着又繼續反覆彈奏那首曲子。

又過了三天，師襄子說：「你已經領略到這首曲子的內在涵義，可以彈另一首曲子了。」

孔子說：「我還未從這首曲子中體會出由什麼人寫

的，以及他的胸襟、志向、品格和情操呢。」說着又繼續彈奏。

孔子又反覆練了三天，他靜靜地深思着，覺得面前站着一個古人，面黑有威，目光如電，性情溫柔敦厚，與太廟中文王的形象一模一樣。孔子立即感歎地向師襄子說：「啊，我體會出來了，這首曲子胸襟廣闊，志向弘遠，品格偉大，情操高潔，除了周文王，誰能寫得出這樣的曲子呢！他的眼光真的非常遠大，把整個天下都看到了。」

師襄子激動得連連作揖，說：「夫子，您真是當今的聖人啊！我的老師傳授時，就說這首曲子叫《文王操》啊！您把它的含義領會得真夠透徹，再加上您的琴藝高超，博大精深，實在是太好了！」

這一年，孔子二十九歲。

到了三十四歲的時候，為了進一步充實和完善學業，孔子又決定前往東都洛陽，去向老聃拜師取經。

在此之前，孔子收了仲孫大夫的

知識門

周文王：

姓姬，名昌，是武王的父親。原為商朝的三公之一。曾征服許多諸侯，在位五十年，是孔子和儒家稱讚的聖王之一。

老聃：

即老子。春秋末年的哲學家，道家學派的創始人。姓李，名耳，字伯陽。楚國苦縣人。曾擔任過周王朝的守藏室之史（管理藏書的史官），後因周朝衰落，退隱在民間。著作有《老子》。

兩個兒子孟懿子和南宮敬叔二人為弟子。仲孫大夫以前曾委任孔子當委吏和乘田吏，又曾向孔子請教過禮儀的事。他認為孔子是「聖人的後代」，又有真才實學，可以做他兒子的老師，於是在臨死之前將兩個兒子都託付給孔子。

孔子的洛陽之行是帶着南宮敬叔一起去的。魯昭公賞了一輛馬車、兩匹馬和一名僮僕給他，作為對他此行的支持和幫助。

來到周朝的王都洛陽，孔子和南宮敬叔參觀了祭天地的天壇和地壇，考察了周王祭祖先、舉行朝會商議國政及發布政令的地方。最使孔子難忘的是「三緘其口」的金人上有一段銘文：「無多言，多言多敗；無多事，多事多患；執雌下之，莫之能爭。」

當然，最重要的還是與老聃的會談。老聃是周朝管理藏書的史官，他知識淵博，德高望重。當孔子向他請教周朝的禮制與典章制度時，他一一詳細解答，孔子從中學到了許多東西。臨走的時候，他對孔子說：「富貴的人贈給人財物，仁德的人贈給人良言。我沒有錢財，勉強獲得一個仁人的稱號，我就送給你幾句忠言吧！」

他說：「一個人自以為聰明，喜歡議論別人的長短，自以為自己的認識深刻，這種人也就接近死亡了。

真正聰明的人是不多言不善辯的，因為他懂得多言多敗的道理。一個人自以為知識淵博、懂得一切，總是喜歡揭露別人的隱私或錯事，這種人已經身處危境了。因此，即使自己明明是強大的雄者，也要以一種柔雌的姿態出現，這就叫做『守雌』。這就是『三緘其口』即封口三重的意思。」

老聃的良言教誨，深深地印在孔子的心中。此後，孔子總是努力做到謙虛謹慎，不固執己見。

1. 孔子這麼淵博的知識是怎樣得來的？
2. 從孔子反覆操練同一首曲子的事情中，你認為他是個怎樣的人？

六 創辦私學

孔子的奮鬥目標與理想是「大道之行，天下為公」。

他想：我要實現這個目標，光靠我一個人是不行的，需要很多人的共同努力。

於是，他決定創辦平民教育，擴大教育範圍，用「六藝」來培養「上事君以忠，下使民以惠」的賢臣，以改變奸佞當道，朝綱不振的社會現實，使國家達到「太平盛世」。

知識門

大道之行，天下為公：

這句話概括了儒家最高的政治理想。「大道」指治理天下的仁德政策；「行」指「施行」；「公」與「私」相對。全句意思是統治者施行德政，所有人都為國家、公眾利益設想，不會自私自利。

從三十歲開始，孔子創辦了中國第一所平民私學，招收學生講學。在最早期的弟子中，比較有名氣的有顏路（顏回的父親）、曾點（曾參的父親）和子路等人。

私學裏有孔子講學的「堂」，有弟子居住的「內」。送一束乾肉以上的禮物，孔子就認他作弟子。孔子教人分德行、言語、政事、文學四科。文學是指孔子所傳授的經學。

一天，子路、曾皙、冉有和公西華四位學生陪坐在孔子身邊。

孔子想和他們一起討論一個大家都很關心的問題，他用親切而隨便的口吻說：「不要因為我年紀比你們大幾歲，你們就覺得拘束，不敢說話。今天，大家談談自己的志向。你們平時常說『沒有人賞識我啊』，如果有人賞識你們，你們打算怎樣做呢？」

性格率直的子路首先發言。

他不加思索地說：「先生，如果有一個上千輛兵車的小國家，遭到大國的侵略威脅，老百姓處於戰亂飢餓的邊緣，叫我去治理，我大約用三年時間，可以使人人有勇氣、講道理，懂得用什麼辦法去解決困難才能轉危為安。」

孔子抿嘴一笑，接着問：「冉有，你的志向是什麼？」

冉有說：「假若有一個小國家，縱橫只有六、七十里，或者只有五、六十里那麼大，要我去治理，三年之後，可以使人人富足。至於修明禮樂，我沒有那個本領，只好等賢明的君主去做了。」

孔子轉問公西華：「你的志向呢？」

公西華回答：「我的本領自知很差，但我願意學

習。我要到一個國家的宗廟去做祭祀工作，或參與同外國訂立盟約，我可以頭戴禮帽，身穿禮服，做一個合格的小司儀。」

最後，孔子問曾晳：「你的志向呢？」

曾晳正在輕輕地彈琴，聽到老師問自己，鏗然一聲停下來，把琴放在一邊，站起來說：「我的志向同他們談的不同。」

孔子說：「那有什麼關係，各人談自己的志向嘛。」

曾晳說：「暮春三月，穿上春天的衣服，同五、六位年輕人和六、七個小孩子，大家歡歡喜喜地到沂水河邊洗個澡，登上求雨台吹吹風，然後唱着歌，心曠神怡地走回來。」

孔子聽了，長吁一口氣，讚歎說：「我贊成曾晳的主張啊！」

座談結束了，學生們一個個告別老師離開，曾晳卻遲走一步。他問老師：「先生，他們三人談的怎麼樣？」

孔子說：「各人談自己的志向嘛。」

曾晳又問：「子路談了以後，先生為什麼抿嘴一笑呢？」

孔子説：「子路談話態度不夠謙虛，所以我笑他。」

孔子跟學生講課時，告訴學生，大家都要學習「仁」，學做「仁人」，不懂的就來問。

大弟子顏回先來問：「先生，什麼叫做『仁』？我怎樣才能做個『仁人』？」

孔子根據顏回理解能力和修養較高的特點，回答：「善於克制自己不正當的慾望，使自己的一言一行都合乎『禮』的要求，這就是『仁』。你能做到這樣，人們就會稱你為『仁人』。想成為『仁人』，全靠自己努力，靠別人不行呀！」

顏回説：「請先生再説説行動的具體要點，好嗎？」

孔子説：「不合禮的東西不要看，不合禮的宣傳不要聽，不合禮的話不要説，不合禮的事不要做。」

顏回説：「我雖然遲鈍，也一定照着先生説的去做。」

這時，仲弓走進來，問：「先生，什麼叫『仁』？我怎樣才能做個『仁人』？」

孔子知道仲弓出身貧窮，能力一般，就深入淺出地回答：「出門做事，同人交往，都要講禮節；自己不喜

歡的事，不交給別人做；無論在哪裏，都要嚴格要求自己，不要怨恨別人。」

仲弓說：「先生，我雖然不夠聰敏，也一定會照着您說的去做。」

接着，司馬牛走進來，問同樣的問題。

孔子針對他喜歡多嘴多舌、說話急躁的毛病，說：「仁人，說話要從容不迫。」

司馬牛懷疑地說：「說話從容不迫就叫『仁』了嗎？」

孔子笑了笑，說：「實行『仁』很不容易，說話急躁能行嗎？」

最後，樊遲發問。

孔子知道他根底淺薄，便回答說：「仁就是愛人，就是對別人要仁愛。」

樊遲又問：「那末，仁人怎樣有『智』呢？」

孔子說：「仁人的智就是把正直的人選拔出來管理邪惡的人，並把邪惡的人改變為正直的人。」

樊遲仍然理解不透，但不好意思再問下去，出來看見子夏，把老師的話講給子夏聽，請他幫助理解。

子夏說：「先生的講話多麼有意思呀，舜得了天下，把正直的皋陶選拔上來，壞人就遠遠離去了；商湯

得了天下，把伊尹選拔上來，壞人也就難於生存了。這就是仁人的智慧呀！」

經過子夏的解釋，樊遲才真正理解了。

通過「仁」的專題教學，孔子根據學生的特點，從學生的實際出發，因材施教，收到了很好的教育效果。

孔子對當時收集到的詩，作了認真研究，一首一首地彈奏出詩的曲調。

高興地説：「真好啊，這三百多首詩，可以用一句話概括：思想純正。」

於是，他把學生們召集起來，説：「你們為什麼不去學詩呢？學詩可以開闊思路，學會觀察事物，鍛煉與民眾合作的修養，在家裏有助於孝順父母，在朝裏有助於輔佐君王，而且還能認識眾多的鳥獸草木的名稱，增長知識呢！」

孔子不但鼓勵學生學詩，回到家裏，也反覆教育兒子孔鯉多讀詩。據傳，《詩經》便是經由孔子編定而成的。

一次，孔子看見子夏在房裏讀詩，便推門進去，説：「子夏，你很用功呀！現在可以同你談談詩了嗎？」

子夏施禮説：「先生，我體會到詩的作用真大呀！

讀了詩，好像日月的光輝把我的心裏照亮了，各種事物猶如明亮的星辰，可以看得清清楚楚。對上古堯、舜之道，夏禹、商湯、周文之義，學生感到更加明白了，從而牢記在心，不敢遺忘。我雖然在這間簡陋的茅草屋裏，卻能彈着琴，歌唱詩中寫的先王的遺風。有人來了，我很快活；沒有人來，我也很快活，真可以説讀詩已經到了奮發忘食的地步了。正如詩中説的：『衡門之下，可以棲遲；泌之洋洋，可以療飢』，這意思是説：茅屋雖然簡陋破舊，但是能夠讀書休息；泉水不斷流淌，也能夠快樂充飢呢！」

知識門

堯、舜、禹、湯： 堯，傳説為上古帝王，史稱唐堯，是孔子和儒家推崇的古帝之一。舜，史稱虞舜，是傳説中的古代帝王。禹，即夏禹，相傳為夏后氏部落領袖，虞舜的大臣，因治水有功，被舜選為繼承人，舜死後稱帝。湯，又稱成湯，是商朝第一代王，也是儒家推崇的古帝。

孔子聽了，頓時喜形於色，驚歎道：「好，我的好學生可以讀詩了！不過，你看到的還只是詩的表面，還沒有體會到詩的深奧之處呢！」

在一旁的顏回問：「先生，請問詩裏面的深奧之處又怎麼能看到呢？」

孔子説：「好比看到了屋門，不進到裏面，怎麼能知道屋裏藏些什麼奧妙的東西呢？但要看到裏面的奧

妙並不難，只要一心一意集中精神鑽研，一定能領會得到。」

有一次，孔子來到學生住的地方，發現宰予大白天還在睡大覺。

孔子非常生氣，把宰予叫醒，批評說：「腐朽了的木頭，是雕刻不成工藝品的；糞土砌成的牆壁，是不能粉刷的。像你這樣自己不爭氣，大白天不用功卻睡大覺的人，批評你還有多大用處呢？」

他想到宰予平時講得很好聽，滿口說要認真學習，行動上卻這樣差，不禁十分痛心。

他自我責備說：「過去，我做得不夠，聽了學生的話，相信他會照着做；如今，我可不那樣了，聽了他的話，還要觀察他的行為，看他是否言行一致。」

事後，孔子把學生們都叫來，向他們諄諄告誡。

他說：「有了過錯，不要因怕困難而不改正。有了過錯不改正，這本身就是一種過錯呀！」接着，他歎息道，「我還沒有看見有人能以自我反省來改正自己過錯的。如果能自我反省，那該多好啊！」

孔子耐心細緻的教育，循循善誘的引導，令學生們不斷進步，他們也就更喜歡跟孔子學習了。

1. 孔子怎樣和學生談「仁」？

2. 你喜歡孔子的教學方法嗎？為什麼？

七 學生子路

孔子辦教育是長期堅持的，中間雖然有短時間的從政，但他照樣不忘教育，繼續招收學生教授學業，培養治國人才。

他的學生多達三千人，精於「六藝」的拔尖人才有七十二人。七十二人中多數是魯國人，也有衞、吳、陳、齊、宋、楚、晉、秦等國的人。孔子的弟子中，德行最高的有顏淵、閔子騫、冉伯牛、仲弓；善於言語的有宰予、子貢；擅長政事的有冉有、子路；喜愛經典的有子游、子夏。

每個學生都能講出孔子的生動故事，而他教育子路的故事尤其令人難忘。

子路又叫仲田，比孔子小九歲。他原來是個粗魯人，很勇敢，有力氣，為人正直。

有一天，他頭戴用公雞毛紮成的帽子，身披用公豬皮製成的披風，雄赳赳地來到孔子面前，炫耀自己是個大力士。

「你喜歡什麼呀？」孔子望着他奇特的裝束問。

59

「我喜歡很長很長的寶劍。」子路不加思索地回答。

「我看你倒是一位勇敢的人。」孔子説，「你若能好好學習，別人都可能比不上你哩！」

「學習有好處嗎？」

孔子肯定地説：「當然有好處。樹木經過木匠的**繩墨**①斧削，才能成為平直有用之材；人經過學習訓練，才能成為受人尊敬的人。接受教育，認真學習，幹事情就能順利成功；不學習，只憑氣力亂來，就可能蹲監獄。正直的男子，不能不學習呀！」

子路反問：「南山上的竹子，不用木匠加工，自然是直的；把它砍下來，做成箭射出去，就能穿透堅硬的皮革。人不學習不是一樣有用嗎？」

孔子誘導他説：「竹子雖直，經過加工修整，裝上箭羽和鋒利的箭頭，不是可以射得更遠更深嗎？人生來有用，但經過學習就會變得更有用。」

子路聽了孔子的話，覺得有道理，心服口服，便倒身下拜，願意接受孔子的教育。從此，子路成了孔子形影不離的學生。

---

① **繩墨**：木工用來打直線的工具。

　　有一次，孔子帶學生子路、子貢、顏淵到農山旅遊。孔子認為這是讓學生開闊視野、增長知識、培養志氣的好機會。

　　他長吁了一口氣，説：「弟子們，你們談談自己的志向吧！」

　　子路搶先發言：「我的志向是：願意領着一支強大的兵馬，打起遮天蔽日的旌旗，敲着震天動地的戰鼓，向着敵陣猛烈衝殺，必能為國家奪得大片土地，繳獲大量戰利品，殺死大批敵人。這種事，我子路可以做得到，子貢、顏淵可比不上我！」

　　孔子説：「你可算是一個勇敢的人。」

　　接着，其他人也談了自己的志向。

　　回來的路上，孔子想：農山言志，進一步暴露了子路的弱點：驕傲好勝。我應該引導他謙虛謹慎，好好學習。

　　回到家後，他把子路找來，問：「你知道什麼是六種品德、六種毛病嗎？」

　　「不知道。」子路答。

　　「你坐下，我告訴你。」孔子説，「喜歡談仁德，而不喜歡學習，就會變得愚笨；喜歡耍聰明，而不喜歡學習，就會流於放蕩；喜歡講信用，而不喜歡學習，就

會害了自己；喜歡直率，而不喜歡學習，就會傷害別人；喜歡勇敢，而不喜歡學習，就會到處闖禍；喜歡剛強，而不喜歡學習，就會膽大妄為。」

子路聽後，低頭不語。

孔子問：「我說的這些道理，你懂得嗎？懂得就說懂得，不懂得就說不懂得，這樣才能學到知識。」

子路點頭說：「我懂得了。」

一天，子路把自己的新衣服全都穿在身上，去見孔子。

孔子批評說：「你穿得這麼漂亮，搖搖擺擺地走來，這是為什麼呀？你知道從高山發源，開始只是小小的一股水，只能漂起一隻茶杯；以後匯合百川成了大江，沒有擋風的大船就渡不過去了。你穿衣服過於特殊，誰也不願意接近你，你就不能有進步。如果不注意，小毛病也會發展成大錯誤。」

子路受了批評，悶悶不樂，在住的地方抱起琴無精打采地彈着。孔子走過時看見了，聽到琴聲很粗鄙，想批評幾句，又怕他難於接受。

這時，冉求正好走過，孔子對冉求說：「你聽，子路彈的琴聲多麼粗鄙！過去，殷紂王的琴聲就是這樣，至今為君子恥笑。這是一種亡國之音！子路彈這樣的聲

調，將來自身難保。你進去幫幫他吧！」

冉求把孔子的話告訴子路。

子路聽了，知道自己錯了，後悔極了，慚愧地説：「我如此放任自己怎麼行呢！我不聽先生的教導，造成了這樣的過錯啊！」一連幾天都吃不下飯，瘦得皮包骨頭。

孔子見了，安慰他説：「你知道錯了，改正就行了。」

後來，子路努力學習，有了進步。孔子出訪陳國時便帶着子路一起同行。他們路過宋國的匡地時，發生了這樣一件事：

匡地的人過去曾經受過魯國陽虎的欺負，現在見孔子的相貌跟陽虎相似，誤以為陽虎又來了，便報告給守衛匡地的軍官簡子。簡子立即派人把孔子包圍起來，不讓通過。

子路看見情形不妙，十分惱怒，他拿着長矛，準備迎戰，保衛孔子的安全。

孔子連忙制止，説：「我們同匡地的人沒有仇恨。我們推行禮樂，宣傳仁義，沒有錯。他們包圍我們，可能是發生了什麼誤會吧！子路，來，我同你一起唱歌彈琴，好嗎？」

子路覺得有道理，便放下武器，拿起琴，邊彈邊唱。孔子也跟他一起唱歌。

悠揚的琴聲和宏亮的歌聲感動了匡地的士兵，他們問：「你們究竟是什麼人？」

子路大聲回答：「他就是天下皆知的孔子！」

「呀，原來他不是陽虎。」匡兵便立即散開，讓孔子和子路通過。

孔子說：「吃一塹，長一智。不看見陡峭的山崖，就不知道從懸崖上摔下去的危險；不靠近陰森的深淵，就不知道溺水而死的可怕；不親臨蒼茫的大海，就不知道狂風巨浪的威脅。在面臨困境的時候，謹慎從事，就可以化險為夷！」

子路點點頭，說：「先生講得很對。」

子路學習告一段落後，便要到衞國蒲邑去做官了。

孔子說：「子路，你想叫我送什麼給你呢，一輛馬車，還是幾句話？」

子路說：「希望聽聽先生的教導。」

孔子囑咐子路：「蒲邑有很多勇敢而又能幹的人，很難管理。你到了那裏以後，做事要謹慎認真，以禮待人，勇猛的人就會服從你；對人寬厚正直，老百姓就會擁護你；處事廉潔有條理，上司就會滿意你。」

子路問：「先生，管理那裏的政事，還應該注意什麼問題呢？」

孔子說：「凡事給老百姓帶個好頭，老百姓就會辛勤勞動。」

子路感到很有道理，說：「先生，我一定照先生說的去做。」

孔子說：「還要長期堅持不懈才行。」

子路上任去了。他到了蒲邑，正值春末夏初，暴雨季節就要來臨，老百姓發起愁來，要是洪水泛濫成災怎麼辦？子路根據孔子的教導，親自帶領羣眾疏通溝渠，預防水災發生。老百姓很窮困，不少人餓着肚子做工。子路便發給每人一竹筒粥，一壺湯，老百姓都讚揚他是個好官。

三年過去了，孔子對子路很惦念，不知他在那裏工作如何，學的知識有沒有用場？這天，他帶着幾個學生，坐着馬車，前往蒲邑去看望子路。

他們一進入蒲邑境內，孔子望着田野讚揚說：「子路幹得不錯呀，他做事情嚴肅認真，得到了老百姓的信任。」

當他們進到蒲邑城裏面時，孔子看見街道兩旁的房舍和樹木，又讚揚說：「子路幹得真不錯呀，他做事盡

心盡力，待人寬厚，說到做到。」

他們下了馬車，走進子路辦公的庭院，孔子停住腳步，四周看了一下，再次讚揚說：「子路幹得的確不錯呀，他處事明白清楚，又很果斷。」

跟孔子一起來的子貢問：「先生，您還沒有見到子路，就三次稱讚他工作做得好，請說說其中的道理吧！」

孔子說：「我雖然沒有見到子路，但已經看到他是怎樣做事了。進到他管轄的地方，田園面貌一新，莊稼長得很好，看不到一塊荒地，田間溝渠挖得又深又整齊，說明他做事嚴肅認真，老百姓信任他，都能積極生產；進到城裏，街道兩旁的房屋整潔堅固，樹木茂盛，說明他做事竭盡全力，說話算數，市民都不偷懶；走進庭院，見到一切井然有序，手下人工作忙而不亂，說明他處事明白清楚，有條不紊。這樣看來，我三次讚揚，並沒有把子路做事的好處說完呢！」

子貢和同學們對老師的分析十分佩服。

1. 孔子一生從事平民教育，你認為讓所有
   人都有機會接受教育有什麼好處？

2. 當子路有了缺點時，孔子是怎樣教育他
   的？

八 夾谷會盟

　　魯昭公去世之後，他的弟弟繼承王位，稱魯定公。

　　一天，魯定公召見孔子，對他說：「中都是一片平原，可以說肥壤沃土。但是，由於過去邑宰治理不力，眼下秩序混亂、人心浮動。如今，我委任你為中都宰。你赴任後，要充分發揮聰明才智，努力治理。如果政績顯著，我會重用你。」

　　孔子謝恩後，說：「孔丘自幼生在魯國，長在魯國。報效魯國，是義不容辭的事。我一定牢記主公的栽培和教導。」

　　這一年，孔子已經五十一歲了。

　　魯定公問：「你打算怎樣治理中都呢？」

　　孔子胸有成竹地說：「用先王的道理教育老百姓，讓他們好好供養父母，尊敬兄長；忠誠待人，對朋友講信用；分清長幼，男子耕種，女子紡織；買賣都要公

邑宰：

官名。春秋時各國卿大夫的臣屬，掌管卿大夫所屬的都邑。孔子的弟子中，有好些人當過這種地方長官。

中都宰：

官名。即在中都（今山東汶上縣西）當地方長官。春秋時魯國都境內的公邑長官，相當於後世的京兆尹。

平，不准欺市霸市。」

魯定公十分同意。

於是，孔子在魯定公9年，即是公元前501年的春天，辭別妻子，帶上少數幾個學生，乘着馬車到中都上任。

到中都邑署後，孔子首先着手整頓邑吏。對廉政正直、秉公守法的官，便提拔他們到重要崗位；糊塗平庸、碌碌無為的，便革職辭退；違法亂紀、貪污腐敗的，便審判之後讓他們坐監。他又叫得力的學生擔任一些邑吏。當時的富豪巨紳們馬上對孔子刮目相看。

後來，孔子和他的幾個學生深入到民間，了解風情民俗和社會情況，知道中都城有三件事最令人憤恨：一是沈猶氏販羊，用鹹鹽拌草料來飼養，這等於是給活羊充水；二是書香子弟公慎氏娶漆氏做妻子，這個漆氏長得漂亮但好色，另有外遇傷風敗俗；三是富豪慎潰氏不按禮儀做事，娶媳婦或嫁女時，居然在廳堂奏樂，在庭院裏面歌舞，簡直像太子一樣。

面對這些問題，孔子決定一個個解決。

第二天，正好是中都城**趕大集**①，孔子和學生們來到豬羊市場上，看見一個身材矮小、禿腦瓜、絡腮鬍鬚、

---

① **趕大集**：到市集上買賣貨物。

滿臉油光的人在聲嘶力竭地叫賣肥羊。

子路上前去說：「你這些看來膘肥體壯的羊，誰知牠皮毛裏面包藏着的是什麼貨色？」

那人暴跳如雷，反問：「難道我會在活羊體內摻水使假嗎？」

子貢說：「這要看你是不是有良心了。」

子路再加上一句：「有沒有摻水使假，你自己還不知道嗎？」

那人抖動着滿臉橫肉，像吃了炸藥：「要買就買，不買就算，老子沒空跟你們囉嗦！」

孔子料定此人就是沈猶氏，果斷地說：「我當眾買下一隻，當眾宰剝檢驗！」

那人見來者不是平常之輩，立即像鬥敗的公雞，縮頭蹲在地上，一聲不吭。這時，圍觀的人越來越多。

孔子叫子路掏出白銀一錠，當眾說道：「各位鄉親，我聽說沈猶先生這些羊吃的草料，全是用鹹鹽拌的，所以體內多水，少的脹水五、六斤，多的脹水十多斤。如今，我想當眾驗證一下，請一位鄉親從羊羣裏任意挑一隻，立即宰剝驗證，由我付錢。」

一個曾經向孔子反映實情的男子自告奮勇地說：「我來宰剝。」

這位男子借刀宰剝後，連骨頭也稱過，放在砧板上讓眾人看，果然見刀口的地方往外流水。大約半個鐘頭後再稱，竟然少了六斤。大家十分驚訝，七嘴八舌，議論紛紛，斥罵那人沒有良心。

孔子當機立斷，對大家說：「沈猶氏用鹹鹽拌草料餵羊，使活羊體內充水，如果買回家五日內不宰殺，那羊一定會死掉。像這樣坑害百姓的人，如不嚴加懲處，就沒辦法來糾正商家欺民害民的風氣。何況他還勾結貪官污吏，橫行鄉里，欺市霸市。所以，本宰決定，罰他白銀五百兩，限十日內繳到吏署。如果不依時，過一日加罰十兩。沈猶氏，你服不服？」

沈猶氏只好認罪。

另外兩件事，孔子也作了果斷處置。

這樣，孔子治理中都一年，政績顯著。第二年被升為小司空，掌管全國土地兼管工程建築。不久，又被提升為大司寇，掌管全國的公安司法工作，名聲也隨之大震。

自從魯定公重用了孔子，中都邑得到很好的治理，魯國也發生了變

小司空：

官名。司空是掌管全國土地兼管工程建築的最高長官。小司空是副職。

大司寇：

官名。司寇是掌管全國公安、司法、刑獄工作的最高長官。大司寇下有小司寇。

化，周圍各國對魯國都非常敬重。

一心想爭奪霸主地位的齊國君主齊景公更是日夜疑慮，坐臥不安。他害怕魯國進一步強盛，對齊國造成威脅。

正在愁眉不展的時候，大臣黎鉏提出了一個壞主意：「我們為什麼不寫封國書，邀請魯國君主到夾谷去會盟？一方面把齊魯兩國過去的積怨一筆勾銷；另一方面還可以看機會行動，給孔丘一點顏色看看，讓他知道我們的厲害，以免他輕舉妄動，危害我們齊國。」

齊景公聽了，覺得有道理便同意了。

魯定公收到齊國的國書後，躊躇不決，他想：齊國強大魯國弱小，如果不去，似乎有失禮節；去呢，可能招致難於預料的惡果。於是，他召集文武大臣來商量對策。

通過商量，魯定公決定依約赴會，並破例決定由孔子擔任相禮。

孔子想，這個相禮的任務本來是由魯相季孫斯擔任的，現在改由我去，是否合適？但這是為了國家的利

知識門

夾谷：
在今山東省萊蕪市南，當時屬齊國南方邊境。

相禮：
官名。即相國，孔子當時是魯國的大司寇，又懂禮儀，被魯國定為相禮參加夾谷會盟。

益，便不再推辭，說：「多謝主公和各位大人的器重，但講禮治的人也不能拋棄武裝的支持，兩國講和也必須有強大的軍隊作後盾。」

他建議魯定公說：「赴約時務必帶上申句須和樂頏兩位將軍，作為左司馬和右司馬。」

知識門

司馬：
官名。掌管軍政和軍備的官吏。

魯定公和兩位將軍都表示同意。

魯定公10年（公元前500年）農曆6月13日，魯國和齊國兩國國君依約在夾谷會盟。

在遙遙相望的山梁上，司旗手各持一面黃旗，往左右各擺三下，然後垂直豎在面前。各自的司鼓手分別擂鼓二十一響之後，司旗們高舉彩旗，引導各自的國君慢慢向盟壇走去。

過了橫跨大河的石橋，齊景公和魯定公走下車，施過相見禮，並肩登着階梯走上斜坡。

在盟壇下的平地上稍微休息一會兒，孔子和齊國的相國晏嬰命令吹鼓手奏起會客的音樂，分別導引着各自的主公登上盟壇。

樂聲一停，魯定公和齊景公同時站起，各自燒上三炷香，對蒼天跪拜，祈禱：「為求齊魯兩國永世和好，特於今日在夾谷會盟。從今以後，彼此結為兄弟。齊國

有難，魯國相救；魯國有難，齊國相救。天地作證，決不毀盟。」

然後，兩位國君畢恭畢敬地祭過天地三界，又相互敬酒祝賀。

齊景公說：「我國準備了四方的歌舞，希望與魯定公一齊觀賞。」

黎鉏把手一擺，盟壇下便敲起鼓來，一隊腰纏獸皮、袒胸露臂的夷人蜂擁登壇，有的肩扛長矛，有的手拿刀劍和盾牌，漫無章法地亂蹦亂跳，表演着各種稀奇古怪的動作。

齊景公盛氣凌人地說：「這是我們齊國從前滅掉的萊夷的舞蹈。」

萊夷：

萊人原立國於今山東半島一帶。萊國於齊靈公15年（公元前567年）被齊國滅亡，萊人流落各地，夾谷就是他們流落的地區之一。

孔子一看形勢不對，立即拽起袍襟，登壇直奔齊景公，高聲質問道：「君侯，魯國為了和齊國永世和好，才來此會盟。為什麼用這種土人打仗的動作，當成舞蹈來取鬧呢？」

齊景公自知理虧，只好說：「退下去。」

黎鉏本想用這種粗魯的動作來威嚇並劫持魯定公，沒想到不能得逞。他只得一擺手，二十四個披紅掛綠、塗脂抹粉的舞女馬上登上盟壇。

初時，舞女們的動作優美大方，歌聲清脆深厚。後來，她們唱起了《詩經》的「載驅」篇。

孔子頓時感到臉上火辣辣的躁熱。他一聽便聽出來了，這是諷刺齊國公主文姜和齊國國君齊襄公兄妹私通的一首詩。文姜嫁了給魯國國君魯桓公，卻藉機會回齊國與哥哥幽會，這固然是魯國的恥辱，不過對齊國也不光彩。

孔子百思不解：他們為什麼要唱這樣的歌曲呢？當舞女們露骨地唱到「夫人愛哥哥，他也無奈何」時，孔子霍地站了起來，手握寶劍，怒髮衝冠，聲色俱厲地衝着齊景公大聲喝道：「在這樣莊嚴和隆重的時刻，這些下賤的女人竟敢如此戲弄國君，罪該萬死！請貴國的司馬立刻將她們斬首！」

舞女們還不識趣地接着唱：「孝順兒子沒話說，邊界造起安樂窩。」

齊國人聽了哈哈大笑，黎鉏笑得格外開心。魯定公氣得臉色鐵青。

孔子怒不可遏，一反溫文爾雅、老成持重的常態，大聲吼道：「這些舞女膽大包天，明目張膽地侮辱國君，請齊國司馬速將她們斬首示眾！」

齊國司馬一言不發。齊景公也裝聾作啞。

孔子的滿腔怒火再也按捺不住，對齊景公說：「既然兩國已結為兄弟之交，魯國的司馬就等同於齊國的司馬。」他向壇下招手道，「請申將軍和樂將軍上壇！」

兩將軍應聲登壇，將兩個領唱領跳的舞女一劍砍下頭來。其他舞女見這情景，個個嚇得魂不附體，有的癱在地上，有的抱頭跑下壇去。

齊景公嚇得渾身打顫，一句話也說不出來。黎鉏蜷縮着身子躲在齊景公身後邊，大氣也不敢喘一下。

經過齊國相國晏嬰的認錯，風波才算漸漸平息。

第二天，兩國準備訂立盟約。

一切條款都已協商好，眼看就要簽約的時候，齊國突然提出要補充一項條款，就是齊國出境征討的時候，魯國必須跟隨兵車三百乘，否則就是破壞盟約。

魯定公把目光移向孔子。孔子把同來的魯國大夫茲無叫到身邊耳語了一番。

茲無回復黎鉏道：「齊魯兩國既然已經結盟為兄弟之邦，一國出兵，另一國自當隨兵相助。但魯國也要求補充一項條款：齊國應該歸還以前被佔領的屬於魯國的讙陽、鄆邑、龜陰等地方，否則也是破壞盟約！」

齊國意料不到會這樣，無話可說，只好答應，並寫進盟約。

孔子在夾谷會盟中，為魯國取得了外交上的重大勝利，他的名聲也更大了。

1. 孔子用先王的道理來治理中都，你覺得這種管治方式怎樣？

2. 孔子在「夾谷會盟」中，對齊國的挑釁採取了什麼態度？

九 以禮斷案

　　孔子一生追求「大道之行，天下為公」，總是與人為善。他不但對學生主張「有教無類」，循循善誘，而且對其他人也一樣動之以情、曉之以理，使他們向善積德，為社會造福。

　　孔子的街坊中有一個**鰥夫**[①]，自號「魯男子」。他的東邊鄰居是一個寡婦，也是單獨居住。一天夜裏，突然颳起大風，跟着下起暴雨，原來就搖搖欲墜的茅屋被風吹倒了。寡婦痛哭流涕，無地方可安身。在走投無路的情況下，無可奈何地去敲魯男子的門：「大哥，請開門，行個方便，讓我到你家休息一夜，好嗎？」

　　魯男子雖然十分同情她，但為了清白，免得別人講閒話，硬是沒有開門，致使寡婦在風雨中淋了一夜。

　　第二天，他倆為此事爭吵起來，找到孔子評理。

[①] **鰥夫**：無妻或喪妻的人。

孔子問明事情的經過之後，説：「別人有危難的時候去救助，這是君子應有的風度，但魯男子沒有做到；男女授受不親，這是禮制的要求，魯男子卻做到了這一點。這兩方面是矛盾的。」停了停，他接着説，「風雨之夜，有寡婦敲門，魯男子能堅決不開門，可以跟我國的賢人柳下惠的坐懷不亂相比，這真是見色不亂的君子。寡婦雖然受了風雨之苦，但卻保全了**節操**②，正所謂『喪身事小，失節事大』，這看來還是件好事。」

雙方聽了孔子頭頭是道的分析，矛盾也就煙消雲散了。

孔子剛上任大司寇不久的一天，忽然聽見有人哭鬧着跑上堂來，守門的人想阻攔，沒能攔住。

孔子覺得奇怪，抬頭望去，只見兩個男子扯衣服、扭頭髮地來到面前。年紀大的有四十多歲，年紀小的才十五、六歲，披頭散髮，渾身泥垢，兩人跪拜後説：「請大人為我作

知識門

柳下惠：

春秋時期魯國的賢人、大夫。魯僖公時曾任士師，掌管刑獄。傳説他有一次夜宿城門口，有一個女子找不到住的地方，他怕那個女子會被凍死，就用衣服把她裹在懷裏。雖然如此，但沒有人懷疑他有淫亂的行為。後世人以「坐懷不亂」形容男子在兩性方面作風正派。

---

② **節操**：指人的氣節操守。

81

主！」

「你們是什麼人？」孔子仔細端詳着兩人，説，「為什麼鬧到這樣的地步？」

年紀大的人説：「大人，這個是我的兒子，自幼被他的母親嬌養慣了，好吃懶做，田地裏的活不幹，家務事也一點不做。如今，他母親去世了，我又忙裏忙外，他還是照樣遊手好閒，坐享其成。今天早上，我勸他下地幹活，他不但不聽，反而動手打我，所以我扭着他來見大人，望大人給我作主。」

少年説：「我父親蠻不講理，一開口就教訓我、謾罵我，還動不動就打我，你看……」他扯開衣襟，露出紫一塊青一塊的傷痕，「這些都是他打的。」

孔子問：「你們叫什麼名字？」

年紀大的人説：「我叫胡覺，他叫胡乾，住在魯城東北，世代以種田為生。」

孔子指着胡乾胸脯上的傷問：「這都是打的嗎？」

胡覺卻拍着青腫的臉頰説：「大人，你看，他把我打成了這個樣子。」

孔子喝問：「胡乾，你為何遊手好閒，不幫父親下地種田？」

胡乾只好低着頭不出聲。

孔子又問：「胡覺，你身為父親，為什麼蠻不講理，動不動就打人？」

胡覺也低着頭不說話。

大堂裏面一片沉寂，孔子尋思着處理的辦法，始終沒想出個好主意。他雙眼望着門外，只見小燕子飄然自如地飛翔着捕捉昆蟲，這情景使他豁然開朗，他猛然想起牢房的屋檐下有兩窩燕子，當即板起臉孔，厲聲說道：「父不像父，子不像子，豈有此理。來人哪！」

早有四個差役應聲來到堂外，齊聲說：「小人在。」

孔子命令：「把這對不懂倫常的父子一同關進監牢！」

父子倆目瞪口呆。停了一會兒，兩人一齊喊冤叫屈。

孔子全然不理，把手一擺，四個差役便將胡覺、胡乾提起，連推帶搡地押進了監獄。

孔子叫來獄吏，悄悄地囑咐他：「要好好照顧他們，不得缺吃少喝。你要想辦法吸引他們看屋檐下的燕子窩。」

胡覺、胡乾為了些家務事，鬧得父子不和，本想求大司寇公斷，不料反被糊里糊塗地押進監獄，兩人又煩

躁、又惱火，各自蹲在屋角裏生悶氣。他們沒法理解，人人交口稱讚的大司寇，竟會公然不分青紅皂白地把他們一齊關進了牢房。

到了吃午飯的時候，獄吏提來湯飯，放在門外，叫胡覺和胡乾出來吃飯。兩人坐在地上，打開飯籃和湯罐一看，居然是精米飯、肥肉湯，對大司寇的心思越發摸不透了。

屋檐下的燕子窩裏，傳出了喳喳的叫聲，他們情不自禁地抬頭看看，只見一隻燕子正在窩邊給雛燕餵食，四、五隻雛燕張開黃嫩的小嘴，翹起頭爭食。餵完食，大燕子立即飛走，接着另一隻等候在屋檐下的大燕子飛到窩邊，將口中的食物挨個餵給雛燕。餵完食，也立即飛走。一會兒，兩隻大燕子又飛了回來。就這樣，一次又一次地忙個不停。

胡覺觸景傷情，想起自己拉扯兒子長大成人的艱辛。胡乾也從燕子餵食的情景，聯想到父母的養育之恩，他開始感到內疚並自責了。

他泣不成聲地喊道：「爹，我禽獸不如啊！」他「撲通」一聲跪在胡覺面前說：「你懲罰我吧，打我吧，罵我吧！」

胡乾雙膝跪着挪到獄吏面前，抱住獄吏的腿，苦苦

哀求説：「我爹沒有罪，全怪我。你把我爹放出去吧！應該讓我一個人坐牢。」

獄吏終於明白了孔子的用意，急忙跑上大堂報告：「報告大人，胡乾認罪了，他正在那裏痛不欲生地嚎啕大哭，如何處置？」

孔子心頭一喜，立即説道：「待我去看個明白。」

獄吏帶着孔子來到獄牢庭院，只見胡覺、胡乾父子正抱頭大哭。

孔子問：「胡乾，你知道錯了嗎？」

胡乾説：「小人知錯了。」

「錯在哪裏？」孔子問。

「錯在忘恩負義，不知報答父母的養育之恩。」

「今後怎麼辦？」

「痛改前非，重新做人。」

孔子又問胡覺：「胡覺，你可知錯？」

胡覺説：「小民知錯。」

孔子問：「錯在哪裏？」

「錯在教子無方。」

孔子説：「養不教，父之過也。好了，你們都起來吧！」

孔子接着説：「老愛小，少敬老，才是合乎禮儀

的。像你們父子這樣，老不愛小，少不敬老，成何體統？」過了一會兒，他又說，「既然你們都回心轉意了，我便馬上放你們回家。不過，切不可再犯。」

胡覺、胡乾非常感激，再三拜謝之後，便一起回家了。

這件事在魯國引起了強烈的反響，人們紛紛稱頌孔子的才華。

1. 孔子怎樣分析魯男子不讓寡婦入屋避雨的事情？你同意他的說法嗎？為什麼？

2. 孔子用什麼辦法解決了胡覺父子的爭吵？你覺得這個辦法怎樣？

十　周遊列國

　　齊國和魯國「夾谷會盟」之後，孔子便盡心盡力地協助魯定公料理國事，經過一番治理，魯國顯得越來越有生氣了。

　　魯國的強盛，使一心想爭奪諸侯霸主地位的齊景公坐卧不安。

　　黎鉏猜透了齊景公的心思，向他獻計説：「主公既然為孔子輔佐魯君而擔憂，為什麼不想辦法離間他們呢？」

　　齊景公問他有什麼辦法。

　　黎鉏狡點地一笑，説：「主公有所不知，孔子乃是個有遠見、有抱負的人，魯君則是個貪戀酒色的昏君。我們若能挑選一隊女樂工送到魯國，見色眼開的魯君一定會接收。只要他要了這些女樂，就會整日聽歌觀舞，沒有心思理政了。孔子看到無法實現自己的抱負，一定會下決心離開魯國，到別的國家去。到那時候，主公就能高枕無憂了。」

　　齊景公聽得心花怒放，立即命令黎鉏按計劃去做。

魯定公13年（公元前497年）3月，齊景公寫了一封國書，派大夫公孫雲言做使臣，趕着一百二十匹快馬，帶着八十個美女，來到魯國都城南門外。

魯定公和相國季孫斯聽到消息，立刻去看，並命令：「打開城門，放她們進來。」

孔子知道後，斷定這是齊國想滅亡魯國的詭計，便極力反對。但對美女垂涎欲滴的魯定公，哪裏聽得進孔子的忠言逆語？魯定公不僅收下了美女和良馬，還贈了二千兩黃金給齊國，以作回謝。

孔子非常不滿，也非常失望，氣憤極了，他懷着對魯國前途擔憂的心情，與一些學生離開了魯國，踏上了出遊之路。

這一年，孔子已經五十五歲了。

孔子與他的學生首先來到了衞國。初時，衞靈公十分器重孔子，按照他在魯國任大司寇的待遇發給薪水。可是，後來衞靈公聽信讒言，派人監視孔子。孔子覺得衞靈公並不相信自己，於是呆了很短一段時間就到陳國去了。

途中經過匡地時，匡地的人誤認為孔子是曾經欺壓過他們的陽虎，把他們圍困了幾天，幾經周折，才得以逃脫。

　　後來又經過蒲地，恰逢準備造反的公叔氏，以為他們是衛靈公的密探，又把他們圍困了。

　　經過反覆解釋，公叔氏弄清了情況，孔子與公叔氏訂立了盟約才被放行。這樣，孔子便放棄了去陳國的主意，返回衛國的都城帝丘。找到志同道合的老臣蘧伯玉後，孔子和他的學生便暫住在他家裏。

　　孔子懷才不遇，只好整日與蘧伯玉談論古今之事，等到心境平靜下來後，仍然像往日那樣教他的學生，一天天地沒有停息。

　　魯定公15年（公元前490年）5月，魯定公逝世，他的兒子蔣繼位，他就是魯哀公。

　　孔子聽到這個消息，就把希望寄託到這個新的國君身上，盼望他能派使臣來把他接回魯國。

　　儘管他望眼欲穿，但仍得不到什麼被接回國的消息，而衛靈公對他又十分冷淡。於是，孔子在魯哀公2年，即他五十九歲的時候，便決定離開衛國，向西去投奔晉國的趙簡子。

　　走到黃河邊正準備乘船過河時，聽聞趙簡子背棄禮儀，殺了兩個賢人，孔子不禁對着黃河長歎。他只得返回衛國，又從衛國經過曹國抵達宋國。

　　剛踏入宋國地方，孔子不顧勞累，利用休息時間給

學生講《禮記》，然後又指揮學生們
演練禮儀。忽然，從南面殺出一隊人
馬，為首的是一個膀寬腰粗的彪形大
漢。他們把孔子師徒包圍住了。

《禮記》：

孔子重禮，強調「克己
復禮」，以禮為社會行
為規範。《禮記》的內
容可分一般理論和禮樂
制度兩大類。禮樂制
度，論述了禮的起源、
性質、作用和功能。

那人正是宋國司馬桓魋。孔子雖
然不認識他，但對他的身世和為人倒
也略知一二。

此人本來無權無勢，在宋國宮廷
內訌中，他趁機把持了宋國的大權，成了宋國大夫。他
為人兇惡，再加上一身武藝，有時公然敢同宋景公分庭
抗禮。他對過去那些陳規舊習不屑一顧，恨不得在一天
之內統統掃除乾淨。在宋國，他是出了名的為所欲為的
人物。

面對司馬桓魋的包圍，以子路為首的幾個學生準備
衝殺過去，與他們決一死戰。孔子極力制止，然後走上
前作自我介紹，誰知又被他奚落一番。沒辦法，孔子只
好換穿子路的衣服，與學生們齊聲吶喊着衝殺出去。

司馬桓魋一伙圍困孔子的目的本來是逼他們離開宋
國，也就主動閃開一條路，讓孔子他們過去。

孔子一行拚命逃跑，一口氣跑到了鄭國。由於倉促
慌亂，學生們竟走失分散了。孔子在鄭國東門下車，拖

着疲憊的身軀，瞪着失神的眼睛，凝神眺望遠方，不停地唉聲歎氣。後來，經過不少周折，子貢才找到狼狽不堪的老師。

子貢代表孔子去求見鄭聲公。

鄭聲公只有二十多歲，年少氣盛，卻也已在位八年。他對孔子早有聽聞，在他看來，孔子的主張是完全過了時的東西，要想使鄭國強盛，使自己鶴立雞羣，就要使用武力。

他怕孔子在鄭國逗留，宣揚禮治，破壞自己的事業，於是高聲地説：「我沒有時間會見孔子，讓他們迅速離開鄭國吧！」

孔子知道之後，坦然地説：「此處不留人，自有留人處。我們到陳國去吧！」

到了陳國，陳湣公對他們以禮相待，孔子和他的學生也就過得稍為好些了。

這年4月，魯國發生了強烈的地震，給平民百姓帶來了嚴重的災難。後來，又發生旱災，許多地方禾苗枯死，顆粒不收。不用説，這又勾起了孔子的思鄉之情。不過，有一件事使他可以感到安慰，這就是孔鯉添了個兒子，他有了傳宗接代的人，因此，孔子非常高興。

後來，魯國的相國季孫斯去世，他的兒子季孫肥接

掌了相國大權。

有一次,季孫肥對魯哀公稟奏:「家父臨去世時囑咐我奏明主公,要請孔子回國,共圖魯國興盛大業。」

魯哀公同意了。有人提出先請孔子的學生冉求回去後再作打算。魯哀公認為可行。

孔子很高興地鼓勵冉求回國效勞。他和學生們在陳國住了三年。

魯哀公6年(公元前489年),六十二歲的孔子決定帶領學生離開陳國,到楚國去。途中遇到吳國大將巫馬成,他帶着大隊人馬去征討陳國。孔子義正詞嚴地說服了他,使他放棄了對陳國的侵略。

巫馬成立即寫了一封信,說明不打陳國的理由,派快騎送給吳王夫差。吳王被感動了,召巫馬成將軍回國。

孔子繼續往楚國趕去,誰知在路上又被一隊兵馬圍住。

原來,陳潛公知道孔子勸退吳兵、急往楚國的消息後非常後悔,決定立即派人把孔子追回來,但又考慮到孔子在陳國住了三年都沒被重用,如今剛走又追回,定會遭人恥笑。

他採納了一個武將的計策,派人把孔子師徒圍住,不打旗號,不亮國名,只圍困他們,也不傷害他們,等到他們飢渴難忍、熬不下去的時候,再閃開一條路,逼

他們重返陳國。一直圍了七天。後來，楚昭王派申功將軍帶兵來接孔子，才算解圍。

到了楚國，楚昭王打算重用孔子，並準備將書社地七百里封給他。由於**令尹**子西阻攔，楚昭王又改變了主意。

令尹：

官名。春秋、戰國時楚國所設。是楚國的最高官職，掌管軍政大權。這職位相當於其他各國的「相」或「相國」。

因不被楚昭王重用，第二年，孔子師徒又返回了衛國，一住又是四年。

一天，孔忠（孟皮之子）由魯國來到了衛國，告訴孔子：「叔父，嬸母病重。」

這消息猶如霹靂轟頂，孔子頭昏眼花，想起丌官氏幾十年來對自己和家庭的恩愛，心裏感到非常內疚、自責、惆悵、彷徨。

「幾十年來，她為我操碎了心，但我卻像冬天的蓬草，遊蹤不定。我欠她實在太多了。」

子路走近前來說：「老師，您離家已十年了，如今師母病重，您應該回去看看她啊！」

子貢也說：「是啊，老師，您就回家看看師母吧！」

孔子感激地望了他們一眼，其實，他何嘗不想念愛

妻，何嘗不思念魯國？但他堅持一條：如果魯哀公和相國不派使臣來請，就堅決不回國。

丌官氏因患重病，醫治無效，於魯哀公10年逝世。

魯哀公11年（公元前484年）的春天，齊國出兵攻打魯國。冉求率領魯軍與齊軍在魯郊戰鬥，把齊軍打得大敗。

季孫肥問冉求是怎樣學會作戰的，冉求說是向老師孔子學的，並極力推薦孔子。季孫肥就派公華、公賓、公林將孔子從衛國迎回了魯國。

直到這個時候，六十八歲的孔子才結束了周遊列國十四年顛沛流離的生活。

孔子回到魯國後，魯哀公與季孫肥多次問他治理國家的辦法，孔子建議他們重用賢臣，遠離小人，嚴於律己，輕徭薄賦。但他們對此不太感興趣，始終沒有再任用孔子。

孔子對於富貴，本來就看作是浮雲一樣，從此，便沒有再去追求做官了，只是專心從事文獻整理和從事教育事業，整理《詩》、《書》，定《禮》、《樂》，把魯

輕徭薄賦：

徭，古時統治者強制人民承擔的無償勞動。賦，是田稅和各種捐稅的總稱。「輕徭薄賦」，這是儒家的經濟主張。就是要減輕人民的勞役負擔和經濟負擔。

國史官所記《春秋》加以刪節修改，編成中國第一部編年體的歷史著作，並繼續招收學生講學，培養治國人才。

知識門

編年體：
一種編寫歷史的體裁。以歷史事件發生的時間順序來記述歷史。

　　孔子沒有再從政，是魯國政治的不幸，但對中國文化史來説，卻是件幸運的事，因為他集中時間和精力整理了那麼多文化遺產，給我們留下了一筆寶貴的精神財富。

　　孔子回國的第二年，年僅五十的伯魚（孔鯉）逝世，孔子再次陷入喪親的悲痛之中。

　　孔子衰老了。有一天夜裏，他做了一場噩夢，心情十分不舒暢，不等天亮就起了牀，一個人踱着步，邊走邊自語着：「泰山要崩塌了啊！頂樑柱要折斷了啊！哲人要凋萎了啊！」

　　從這天起，他的病一天重過一天，到了第七天，他就帶着遺憾離開人世了，享年七十三歲。

　　這一天，是魯哀公16年（公元前479年）農曆2月11日。

1. 孔子周遊列國是為了推行他的政治主張和偉大理想，但結果怎樣呢？為什麼會有這樣的結果？

2. 綜觀孔子的一生，你認為孔子是個怎樣的人？

大事年表

公元	年齡	事件
魯襄公22年 （公元前551年）		農曆8月27日，孔丘生於陬邑。
魯襄公24年 （公元前549年）	3歲	父親逝世，母親帶孔丘遷到曲阜定居。
魯昭公7年 （公元前535年）	17歲	孔母逝世，孔子被季氏家臣陽虎拒之門外，蒙受奇恥大辱。
魯昭公9年 （公元前533年）	19歲	娶亓官氏為妻，被任命為收繳田賦、管理倉庫的小官吏（委吏），後改任管理范圍的乘田。
魯昭公10年 （公元前532年）	20歲	兒子出生，取名孔鯉，字伯魚。
魯昭公17年 （公元前525年）	27歲	向前來朝拜魯國國君的郯國郯子請教。
魯昭公19年 （公元前523年）	29歲	到晉國向師襄子學琴藝。

公元	年齡	事件
魯昭公20年 （公元前522年）	30歲	開始創辦平民教育，收徒講學。
魯昭公24年 （公元前518年）	34歲	到東都洛陽向老聃學禮樂。
魯定公9年 （公元前501年）	51歲	被任命為中都宰。第二年升為小司空，很快升為大司寇。這年夏天，魯齊兩國國君在夾谷會盟，孔子為相禮，為魯國的外交勝利立了大功。
魯定公13年 （公元前497年）	55歲	帶領學生離開魯國，開始周遊列國。
魯哀公10年 （公元前485年）	67歲	妻子丌官氏逝世。
魯哀公11年 （公元前484年）	68歲	重回魯國。
魯哀公12年 （公元前483年）	69歲	愛子孔鯉病逝。
魯哀公16年 （公元前479年）	73歲	因病逝世。

世界文化遺產：「三孔」

「三孔」指位於山東省曲阜市，和孔子相關的三組建築羣，分別是孔廟、孔府、孔林。20世紀90年代，「三孔」獲聯合國教科文組織列為世界文化遺產。

「曲阜孔廟」仿照王宮的規格建築而成，是海內外眾多祭祀孔子的廟宇中規模最大、歷史最悠久的。孔子逝世後第二年，他的故居被改建成孔廟，每年均舉行祭祀儀式。其後，歷代帝王因尊崇儒家學説而不斷為孔子追加封號及擴大孔廟的建築，形成了今天的規模。

孔府位於孔廟東側，自孔子逝世後，其子孫世代便居於孔廟旁邊看管孔子的遺物。隨着孔子後人的官位升遷，孔府的規模也不斷擴大，有「天下第一家」之稱。

孔林是孔子及其家族的專用墓地，自孔子葬於此後，一直延用二千多年，是世界上延時最久、面積最大的氏族墓地。林內有多種樹木，相傳是孔子的弟子各自從家鄉移植至此。時至今日，孔林已成為一座環境清幽的人工園林了。

祭孔大典

祭孔大典即祭祀孔子的隆重典禮，於農曆8月27日孔子誕辰時舉行。除了中國外，日本、韓國、越南等亦有舉行祭孔大典。

孔子去世後第二年，魯哀公下令把孔子的故居改建成廟，即是今天的孔廟，並把孔子生前使用的衣服器物等保存起來，每年在此舉行祭祀儀式。隨着歷代帝王對儒家學説的不斷推崇，孔子的地位也越來越高，祭孔大典的儀式也越來越隆重。

祭孔大典主要包括樂、歌、舞、禮四種形式，樂、歌、舞均圍繞禮儀而進行，當中最重要的祭祀禮儀是「三獻禮」，即是陳列供品之後進行三次獻酒儀式。

現代的祭孔大典和古代的有些不同，在音樂、舞蹈、服飾等方面均有新發展。祭孔大典的意義除了是緬懷先賢、延續文化傳承外，也成為了重要的旅遊資源，吸引世界各地的人前來觀賞，讓更多人從中了解中國的儒家文化。

　　孔子畢生都為着實現自己的政治理想而努力。如果給你改變世界的力量，你又會怎樣做呢？請你以《我的理想世界》為題寫一篇文章吧。